BEI GRIN MACHT SICH IHR
WISSEN BEZAHLT

- Wir veröffentlichen Ihre Hausarbeit,
  Bachelor- und Masterarbeit

- Ihr eigenes eBook und Buch -
  weltweit in allen wichtigen Shops

- Verdienen Sie an jedem Verkauf

Jetzt bei www.GRIN.com hochladen
und kostenlos publizieren

Zeynep Ören

Vollzeitpflege als Hilfe zur Erziehung

Welche Chancen bietet das Aufwachsen eines Kindes in einer Pflegefamilie? Eine Betrachtung im Hinblick auf den Familienbegriff

GRIN Verlag

Bibliografische Information der Deutschen Nationalbibliothek:

Die Deutsche Bibliothek verzeichnet diese Publikation in der Deutschen National-
bibliografie; detaillierte bibliografische Daten sind im Internet über http://dnb.d-
nb.de/ abrufbar.

Impressum:

Copyright © 2013 GRIN Verlag GmbH
Druck und Bindung: Books on Demand GmbH, Norderstedt Germany
ISBN: 978-3-656-36123-7

Dieses Buch bei GRIN:

http://www.grin.com/de/e-book/208442/vollzeitpflege-als-hilfe-zur-erziehung

GRIN - Your knowledge has value

Der GRIN Verlag publiziert seit 1998 wissenschaftliche Arbeiten von Studenten, Hochschullehrern und anderen Akademikern als eBook und gedrucktes Buch. Die Verlagswebsite www.grin.com ist die ideale Plattform zur Veröffentlichung von Hausarbeiten, Abschlussarbeiten, wissenschaftlichen Aufsätzen, Dissertationen und Fachbüchern.

Besuchen Sie uns im Internet:

http://www.grin.com/

http://www.facebook.com/grincom

http://www.twitter.com/grin_com

Freie Universität Berlin
SoSe 2011
Modul 10: Konzepte des Intervenierens und Beratens
LV-Nr: 12169
Seminar: Individuelle Hilfen und Kinderschutz
Rost- / Silberlaube, Habelschwerdter Allee 45

Hausarbeit

Vollzeitpflege als Hilfe zur Erziehung:

Welche Chancen bietet das Aufwachsen eines Kindes in einer Pflegefamilie? Eine Betrachtung im Hinblick auf den Familienbegriff

vorgelegt von Zeynep Ören

Tag der Einreichung: 19.12.2012

Inhaltsverzeichnis

1. Einleitung

„Wir suchen nicht für eine Pflegefamilie, ein geeignetes Kind, sondern für ein erziehungsbedürftiges Kind, die geeignete Pflegestelle"

(Heitkamp, H 1989: 151)

Der deutsche Staat hat den Schutzauftrag, Kinder zu schützen und das Recht bei Verdacht auf Kindeswohlgefährdung in den privaten Raum der Familie einzugreifen. Eine mögliche Intervention ist die Fremdunterbringung der Kinder in Pflegefamilien. Im Jahr 2005 befanden sich in Deutschland ca. 50.000 Kinder in Pflegefamilien, weil die leiblichen Eltern die notwendige Erziehung und Versorgung des Kindes nicht leisten können oder wollen. Hinzukommt, dass der Staat weiterhin beauftragt ist, das Kindeswohl auch innerhalb der Pflegefamilie zu schützen. Die Vollzeitpflege stellt eine große Herausforderung für die aufnehmende Pflegefamilie dar, denn sie ist für die weitere Entwicklung des Kindes verantwortlich.

Aus sozialpädagogischer Sicht ist es deshalb wichtig, zu fragen, *welche Chancen das Aufwachsen eines Kindes in einer Pflegefamilie im Vergleich zu der Herkunftsfamilie bietet?*

Die vorliegende Hausarbeit beschäftigt sich mit der obigen Fragestellung im Hinblick auf den Familienbegriff.

Zu Beginn wird versucht den Begriff „Familie" zu definieren.

Der zweite Abschnitt handelt von dem Spannungsfeld zwischen Elternrecht und dem Schutzauftrag des Staates. Hierbei sollen die Rechte und Pflichten der Eltern auf der einen Seite und die Rechte und Pflichten des Staates auf der anderen Seite aufgezeigt werden.

Anschließend widmet sich die Hausarbeit der Vollzeitpflege als „Hilfe zur Erziehung". Dieser Abschnitt ist in vier Unterpunkte aufgeteilt. Der erste Punkt beschreibt die Pflegefamilie und ihre Herausforderung bei der Entscheidung ein Kind aufzunehmen. Im nächsten Punkt werden das Kind und seine Entwicklung in einer Pflegefamilie näher beleuchtet. Der letzte Punkt erklärt die Aufgaben des Jugendamtes innerhalb des Hilfeplans.

Abschließend folgt ein Resümee mit Ausblick auf die Zukunft des Pflegekinderwesens.

2. Familie

2.1 Definition

Der Begriff „Familie" stammt aus dem lateinischen Begriff familia „die Hausgemeinschaft", der wiederum vom lateinischen Wort famulus „der Haussklave" abgeleitet ist. Der Wortursprung bezeichnete nicht die heutige Familienkonstellation: Mutter, Vater und Kind, sondern den Besitz eines Mannes, den pater familias, über seine Ehefrau, Kinder, Sklaven und Freigelassene sowie das Vieh. Demnach waren familia und pater keine Verwandtschafts-, sondern Herrschaftsbezeichnungen und der biologische Erzeuger wurde genitor, und nicht wie oft angenommen pater genannt.

Der Versuch Familie zu definieren, ist nicht einfach, da das Verständnis von Familie von verschiedenen Bedingungen abhängt. Zum Beispiel hat der gesellschaftliche Kontext einen großen Einfluss auf die Familie und ihre Bedeutung. Darüber hinaus definieren viele Wissenschaften, angefangen von der Psychologie bis hin zur Rechtswissenschaft, Familie sehr verschieden. *„Dies ist nicht verwunderlich, da ja auch unterschiedliche Zwecke mit diesen Definitionen verfolgt werden"* (vgl. Rohrer-Werneck, 2000: 9).

Nun werden drei wissenschaftliche Definitionen betrachtet, die Aufschluss geben sollen, was Familie tatsächlich ist und welchen Zweck sie erfüllt. Dies ist nötig, um zu verstehen, dass hinter dem Begriff Familie mehr steckt als die biologische Verwandtschaft. In Hinblick auf unser Thema soll verdeutlicht werden, dass die Familie ebenfalls als ein „Konstrukt" verstanden werden kann.

- Der soziologische Familienbegriff
- Der rechtliche Familienbegriff
- Der psychologische Familienbegriff

<u>Der soziologische Familienbegriff</u>

Soziologische Definitionen weisen auf zwei Aspekte der „Familie" hin, denn *„aus der Mikroperspektive stellt jede einzelne Familie eine besondere Form einer sozialen Gruppe dar; aus der Makroperspektive ist die Familie als eine Institution der Gesellschaft charakterisierbar"* (Huinik, J./Konietzka, D. 2007: 25).

Nach der Familiensozilogin Nave-Herz sind Familien gekennzeichnet durch

1. *„ihre >> biologisch-soziale Doppelnatur << (König, R. 2002: 57), d.h. die Übernahme zumindest der Reproduktions- und Sozialisationsfunktion neben anderen kulturell variablen gesellschaftlichen Funktionen,*
2. *die Generationsdifferenzierung (Urgroßeltern/Großeltern/Eltern/Kinder),*
3. *ein spezifisches Kooperations- und Solidaritätsverhältnis zwischen ihren Mitgliedern, das diesen spezifischen Rollen zuweist"* (Nave-Herz, R. 2004: 30).

Der rechtliche Familienbegriff

Unter Familie wird in den Rechtswissenschaften eine *„legalisierte soziale Institution"* verstanden und steht *„unter dem Schutz des Staates"* (vgl. Rohrer-Werneck, S. 2000: 9). In Deutschland steht die Familie in Artikel 6 des Grundgesetzes unter dem *„Schutz der staatlichen Ordnung"*. Im Familienrecht werden innerhalb des Bürgerlichen Gesetzbuches in seinen §§ 1589 f. nur die Begriffe der „Verwandtschaft" und der „Schwägerschaft", nicht jedoch den der Familie, näher definiert. *„Dieser Familienbegriff ist sehr eng gefasst"* (Rohrer-Werneck, S. 2002: 9).

Andere Gesetze fassen den Kreis der Familienmitglieder in diesem Fall wesentlich weiter. Das Wohngeldgesetz zum Beispiel zählt in § 4 Absatz 1 zu den Familienmitgliedern den Antragsteller selbst, den Ehegatten, Verwandte in gerader Linie sowie Verwandte zweiten und dritten Grades in der Seitenlinie, Verschwägerte in gerader Linie sowie Verschwägerte zweiten und dritten Grades in der Seitenlinie und schließlich auch Pflegekinder.

Der psychologische Familienbegriff

Der psychologische Familienbegriff wurde größtenteils von Schneewind, einem deutschen Psychologen, geprägt. So sind nach Schneewind Kennzeichen von Familie zum einen der hohe Grad an *„interpersoneller Involviertheit"* und zum anderen das *„intime Beziehungssystem"* (vgl. Rohrer-Werneck, S. 2000: 10). Er nennt weitere vier Kriterien, die erfüllt sein müssen:

1. *„Nähe: diese wird definiert als physische, geistige und emotionale Nähe.*

2. *Abgrenzung: Das Leben einer Familie ist sowohl räumlich als auch zeitlich von dem anderer abgegrenzt.*

3. *Privatheit: Nur in einem klar umgrenzten Lebensraum ist eine intime interpersonelle Beziehung der Familienmitglieder möglich.*

4. *Dauerhaftigkeit: Das Ziel einer Familie ist die längerfristige Gemeinsamkeit durch wechselseitige Bindung, Verpflichtung und Zielorientiertheit"*
(vgl. Rohrer-Werneck, S. 2000: 10).

Es wird deutlich, dass der psychologische Familienbegriff sehr weit gefasst ist und sich viele Möglichkeiten von Alternativen zum konservativen Familienbegriff ergeben, die als Familie bezeichnet werden können. So können *„intime Beziehungssysteme"* auch außerfamiliär, beispielsweise in Freundschaften, stattfinden oder wie in diesem Fall in Pflegefamilien. Dieser Definition zu Folge kann man behaupten, dass es „die Familie" gar nicht gibt und es *„vielmehr verschiedene Auffassungen von Familien als dynamische Prozesse gibt. Dies ist dann die Familie als gelebte Wirklichkeit"* (vgl. Rohrer-Werneck, S. 2000: 11).

Darüber hinaus, hat Schneewind aufgezeigt, dass es wenig Sinn macht, Familienformen zu definieren, denn *„es kommt vielmehr auf die Qualität der Beziehung zwischen den Personen in einem Familiensystem an.* Dies impliziert, dass ein Kind nicht grundsätzlich in seiner Herkunftsfamilie aufwachsen muss, um eine gute Entwicklung zu haben. Demzufolge ist für die Entwicklung des Kindes eine Pflegefamilie, wo es mehr geschätzt und gefördert wird, von großem Vorteil.

3. Staat und Familie

3.1 Elternpflichten und Kinderrechte

Nach dem Grundgesetz der Bundesrepublik Deutschland sind Pflege und Erziehung der Kinder nicht nur das natürliche Recht der Eltern, sondern auch ihre Pflicht. Die Rechte und Pflichten sind sowohl im Bürgerlichen Gesetzbuch als auch im Familienrecht geregelt. Es wird als selbstverständlich vorausgesetzt, dass die Rechte der Kinder nicht im Widerspruch zu den Aufgaben, Rechten und Pflichten der Eltern und Erziehungsberechtigten stehen.

Wenn Eltern in diesem Fall ihrer Erziehungsverantwortung nicht nachkommen können und bei Pflichtverletzungen eine Gefährdung des Kindeswohls deutlich wird, hat das Jugendamt eine Hilfe zur Erziehung anzubieten (§§ 27 ff. SGB VIII). Hierzu zählen neben der *Vollzeitpflege in einer Pflegefamilie* auch beispielsweise die sozialpädagogische Familienhilfe, Erziehung in einer Tagesgruppe, Heimerziehung oder weitere betreute Wohnformen. Sind die Eltern nicht bereit, eine entsprechende Hilfe zur Erziehung anzunehmen, hat das Jugendamt gemäß § 50 Absatz 3 SGB VIII das Familiengericht anzurufen. Es ist Aufgabe des Familiengerichts zu entscheiden, ob zum Schutz des Kindes oder Jugendlichen ein Eingriff in das elterliche Sorgerecht erforderlich ist. Das Familiengericht kann Ermahnungen, Verwarnungen, Weisungen oder Auflagen zur Wahrnehmung der elterlichen Sorge verfügen oder das Sorgerecht teilweise oder ganz entziehen und auf einen Vormund oder Pfleger übertragen. Die gesamte Personensorge darf nur entzogen werden, wenn andere Maßnahmen erfolglos geblieben sind oder wenn anzunehmen ist, dass sie zur Abwendung der Gefahr nicht ausreichen (§ 1666a, Absatz 2 BGB).

Wenngleich die Ziele der *Vollzeitpflege in einer Pflegefamilie* unterschiedlich sind, mal handelt es sich um eine kurzen Pflege aufgrund einer akuten Familienkrise, mal um eine auf lange Zeit angelegte Pflegeform, gilt grundsätzlich das bereits seit langer Zeit Leitziel der Kinde- und Jugendhilfe: Wenn ein Kind wegen Vernachlässigung, Missbrauch oder anderen Ursachen von seinen Eltern getrennt wird, muss dennoch die lebensgeschichtliche Kontinuität des Kindes möglichst gewährt bleiben.

4. Die Pflegefamilie als Hilfe zur Erziehung

Die Vollzeitpflege in Pflegefamilien gehört zu den klassischen Leistungsangeboten der Kinder- und Jugendhilfe und ist *„in der Gegenwart eine tragende Säule im System der Jugendhilfe"* (Blandow, J. 2004: 72). Hinter dem Begriff „Vollzeitpflege" verbirgt sich eine Vielfalt unterschiedlichster Hilfeformen, die von der kurzfristigen Aufnahme bis hin zur langfristigen Aufnahme für das Kind reichen können. Die konkrete Ausgestaltung der Hilfe sowie die Entscheidung, ob die Hilfe befristet oder auf Dauer anzulegen ist, wird im Rahmen der Hilfeplanung gemäß § 36 SGB VIII mit den Beteiligten festgelegt.

Gemäß § 37 Abs. 1 Satz 4 SGB VIII ist bei Erfolglosigkeit der Förderung der Erziehungsfähigkeit der Herkunftsfamilie innerhalb des begrenzten Zeitraumes als alternative

Perspektive die dauerhafte Vollzeitpflege zu erarbeiten (Jugendrecht, § 37 Abs. 1 Satz 4 SGB VIII).

In der vorliegenden Hausarbeit wird ausschließlich auf die dauerhafte Pflege eingegangen.

4.1 Die Pflegefamilie als Form der Vollzeitpflege

Als Grundlage für die „Hilfe zur Erziehung" in Form der Vollzeitpflege gilt § 33 SGB VIII, in dem die Hilfe wie folgt beschrieben wird:

> *„Hilfe zur Erziehung in Vollzeitpflege soll entsprechend dem Alter und Entwicklungsstand des Kindes oder Jugendlichen und seinen persönlichen Bindungen sowie der Möglichkeiten der Verbesserung der Erziehungsbedingungen in der Herkunftsfamilie Kindern und Jugendlichen in einer anderen Familie eine zeitlich befristete Erziehungshilfe oder eine auf Dauer angelegte Lebensform bieten. Für besonders entwicklungsbeeinträchtigte Kinder und Jugendliche sind geeignete Formen der Familienpflege zu schaffen und auszubauen"* (Jugendrecht § 33 SGB VIII).

Die Erziehung eines Kindes in einer anderen als seiner Herkunftsfamilie hat es in unterschiedlichster Form immer schon gegeben. Die Unterbringung eines Kindes in einer Pflegefamilie unterscheidet sich grundsätzlich von anderen Erziehungshilfen, da sie nicht von ausgebildeten Fachkräften erbracht wird, sondern in der Regel von engagierten Laien.

Aufgrund Dessen stellt sich einerseits die Frage, *welche Chancen eine Pflegefamilie einem Kind bieten kann* und andererseits *auf welche Grenzen dieses Hilfsangebot stößt?*

4.2 Die Pflegefamilie und ihre Herausforderung

Die Entscheidung ein Kind als Pflegekind aufzunehmen, stellt die Pflegefamilie vor eine große Herausforderung. Die Pflegeeltern sind zunehmend hohen Anforderungen ausgesetzt, da die Kinder, die in Pflegefamilien untergebracht werden, in ihren ersten Lebensjahren vermehrt verwirrende, oft auch traumatische Erfahrungen in der Herkunftsfamilie machen mussten (vgl. Blandow, J. 2004: 197).

Hinzukommt, dass das Pflegekind in den meisten Fällen nicht dem Idealbild eines Wunschkindes entspricht, denn es ist meist schon älter und sozial gestört (vgl. Masur 1995: 97). Demzufolge stehen Pflegeeltern vor besonderen Anforderungen bei der Erziehung. Gerade die spezifische Erziehungs-und Pflegebedürftigkeit des Pflegekindes erfordert eine sorgfältige Auswahl geeigneter Pflegeeltern und deren Vorbereitung auf das Pflegeverhältnis, in der sie Kenntnisse über herkunftsfamiliale Sozialisation und deren Folgen sowie Fähigkeiten für den Umgang mit dem Pflegekind erlangen können. Dies kann beispielsweise in Pflegeelternschulen, Vorbereitungsseminaren und durch präventives Elterntraining erfolgen (vgl. Masur 1995: 106).

Es gibt aber auch positive Aspekte, die mit der Entscheidung ein Kind aufzunehmen, einhergehen. Zum einen bietet das Hilfsangebot Menschen, die „*Spaß an Kindern*" haben und Lust darauf, sich für eine lohnende Aufgabe zu engagieren, die *Chance*, ihr Familienleben zu bereichern (vgl. Blandow, J. 2004: 72). Des Weiteren wird der Begriff „Pflegefamilie" offen verwendet, denn aufgrund rechtlich verschiedener Bezeichnungen (§ 33 "Familie", § 36 „Pflegestelle", § 37 „Pflegeperson") kommen nicht nur vollständige Familien als Pflegefamilien in Frage, sondern auch einzelne Personen oder unverheiratete Paare (Jugendrecht §§ 33, 36, 37 SGB VIII). Dies kommt der heutigen gesellschaftlichen Vielfalt des Zusammenlebens entgegen, wonach nicht mehr nur die eheliche Gemeinschaft als förderlich für die Entwicklung eines Kindes anerkannt wird.

Einen weiteren Vorteil bietet die finanzielle Unterstützung des Staates: Die Pflegfamilie erhält gemäß § 39 SGB VIII das sogenannte Pflegegeld, das sowohl die Unterhaltskosten sowie Erziehungskosten umfasst und als monatlich zu zahlender Pauschalbetrag von der nach Landesrecht zuständigen Behörde festgesetzt wird (Jugendrecht § 39 SGB VIII).

Darüber hinaus wird, obwohl Eltern als Träger der Personensorge grundsätzlich auch einen Herausgabeanspruch auf das Kind haben, im § 1632 Abs. 4 BGB die Position der Pflegeeltern dahingehend gestützt, dass im Falle einer Kindeswohlgefährdung das Verbleiben des Kindes bei den Pflegeeltern durch das Familiengericht angeordnet werden kann (Jugendrecht § 1632 BGB).

4.3 Das Kind und seine Entwicklung

Im Mittelpunkt der Hilfe zur Erziehung der Kinder- und Jugendhilfe steht nach wie vor das Wohl des Kindes. Folglich ist es von großer Bedeutung die Zukunft des Kindes so zu gestalten, dass eine weitere förderliche Entwicklung gewährleistet ist.

Die Psychologen Westermanm und Nienstedt haben festgestellt, dass die Trennung von den leiblichen Eltern und die Integration in eine Pflegefamilie vielen Kindern die *Chance* bietet, traumatische Erfahrungen zu bewältigen. Nutzt ein Kind die Beziehungen zu den »neuen« Eltern als Übertragungsbeziehung wie in einer therapeutischen Beziehung, so können frühere Erfahrungen korrigiert und befriedigende Eltern-Kind-Beziehungen entwickelt werden.

Diese Auffassung bestätigt ebenfalls die eingangs genannte psychologische Definition der Familie, indem die Qualität eines „intimen Beziehungssystems" eine größere Rolle spielt als der Grad der Verwandtschaft.

So ist auch Gruen, ein schweizerischer Psychoanalytiker, der Meinung, dass in der frühen Kindheit eine Chance für das Kind ist, noch einmal Bindungen zu sozialen Eltern zu finden:

> *„Es ist die Qualität der Beziehung zwischen Kind und Eltern, die erst jene Grundlage schafft, welche Identität ermöglichen – oder auch nicht. Identität kommt gar nicht zustande, wenn diese Grundlagen nicht hergestellt werden. Dadurch ist aber auch die Möglichkeit gegeben, dass Kinder einen Neubeginn für sich schaffen können, gerade weil keine wahre Identität zustande kam, vorausgesetzt, dass eine auf sie eingehende Umgebung gesichert werden kann"* (Ertmer, H.: 3).

Ferner spricht Gruen von der Ignoranz gegenüber dieser Erkenntnis, da sie die *„kulturelle Idealisierung, dass Eltern ihren Kindern die Entwicklung von Identität ermöglichen, in Frage stellt"* (Westermann, A./Nienstedt, M. 2007: 12).

Es ist deutlich zu erkennen, dass die Pflegefamilie für die Entwicklung des Kindes, sowohl innerhalb der Bindungsentwicklung als auch in der Identitätsfindung, förderlich ist.

Des Weiteren wird im Kinder- und Jugendhilfegesetz (KJHG, SGB VIII) weitgehend gefordert, dass möglichst schon vor der Inpflegegabe geklärt werden soll, ob *„die Übernahme der Vormundschaft durch die Pflegeeltern gesichert werden soll"* (Westermann, A./

Nienstedt, M.: 19), da das angespannte Verhältnis zwischen der Herkunftsfamilie und der Pflegefamilie beim Kind eine *„soziale Ungewissheit"* auslöst und es unbemerkt *„zum Spielball unterschiedlicher Interessen"* wird (Blandow, J. 2004: 72). Die Hilfe zur Erziehung in Form der Vollzeitpflege stößt genau an dieser Stelle an seine Grenzen, denn viele Kinder müssen mit diesem Spannungsfeld leben.

4.4 Das Jugendamt und seine Aufgaben

Das Jugendamt muss bei der Vermittlung von Pflegeeltern einerseits auf die Bedürfnisse des Kindes und anderseits auf die Möglichkeiten bzw. Ressourcen angehender Pflegeeltern Rücksicht nehmen. Die Entscheidung über eine geeignete Hilfe der Vollzeitpflege muss aufgrund ihrer Auswirkungen auf die Sozialisation des Kindes sehr sorgfältig ermittelt werden (Heindl, H. 1995: 117). Je gründlicher die Auswahl stattfindet und je ausführlicher die Pflegeeltern auf die konkrete Situation vorbereitet werden, umso günstiger gestaltet sich der Erfolg der Hilfe.

Wichtig ist, dass das Jugendamt in drei Bereichen Aufgaben zu erfüllen hat. Dies beinhaltet die Begleitung und Betreuung des Pflegekinds, der Pflegefamilie und der Herkunftsfamilie Das *Pflegekind* muss in der Verarbeitung seiner besonderen Situation unterstützt werden und die *Pflegeeltern* brauchen ebenfalls Unterstützung in ihrer neuen Lebenslage mit dem Kind. Die *Herkunftsfamilie* muss entweder bei der Wiederherstellung ihrer Erziehungsfähigkeit oder der Verarbeitung der dauerhaften Trennung von ihrem Kind unterstützt werden. Die Zusammenarbeit zwischen Jugendamt, Pflegeeltern und Herkunftseltern ist gemäß § 37 SGB VIII festgeschrieben (Jugendrecht § 37 SGB VIII).

Schließlich spielt ein weiterer Faktor eine große Rolle:

> Die Vollzeitpflege *„entlastet in einem beträchtlichen Maße die immer zu knapp bemessenen Budgets für gesetzliche Aufgaben der Kinder- und Jugendhilfe"* (Blandow, J. 2004: 72).

5. Resümee

Grundsätzlich ist festzuhalten, dass das Pflegekinderwesen innerhalb der Hilfe zur Erziehung eine große Chance für die kindgerechte Entwicklung und Erziehung eines Kindes ist. Dies wird vor allem anhand der Bindungsentwicklung und der Identitätsentwicklung sehr deutlich. Der irrtümliche Glaube, dass *„Blut dicker ist als Wasser"* ist jedoch weit verbreitet und verhindert die Offenheit der Gesellschaft gegenüber Pflegefamilien. Dies geht aus der *„kulturellen Idealisierung"* hervor, *„dass die biologische Elternschaft, egal wie schädigend sie den Kindern gegenüber ist, ein hohes Gut darstellt* (Ertmer, H: 3). Es wird angenommen, dass das Aufwachsen des Kindes in der Herkunftsfamilie für das Kind die beste Erziehung sei.

Die Hausarbeit zeigt wiederum, dass die Definition der „Familie" kritisch beleuchtet werden muss, wenn es um die Frage der kindgerechten Erziehung geht. Folglich kann die Vollzeitpflege eines Kindes in einer Pflegefamilie viel mehr für das Kind bieten als die Herkunftsfamilie.

Dennoch sind in der Vollzeitpflege Grenzen zu erkennen, die nicht unterschätzt werden dürfen. Das Zusammenwirken der Herkunftsfamilie und der Pflegefamilie wirkt sich auch negativ auf das Kind aus. Es entsteht eine so genannte *„geteilte, doppelte Elternschaft"* mit *„verschiedenen Wert- und Bezugssystemen"* (Henschel, A./Krüger, R./Schmitt, C./Stange, W. 2009: 144).

Das Kind ist in dieser Phase sehr auf die Unterstützung des Jugendamtes angewiesen, bevor es in die Pflegefamilie geht. Ist ein stabiles Pflegeverhältnis geschaffen worden, beginnt die eigentliche Herausforderung der Pflegefamilie. An dieser Stelle muss das Jugendamt regelmäßige Besuche in der Pflegefamilie abstatten, um die Pflegefamilie ebenfalls zu unterstützen. Es ist falsch anzunehmen, dass mit der Inpflegegabe der Schutzauftrag des Staates beendet sei. Demzufolge muss weiterhin das Wohl des Kindes gesichert werden, auch wenn das Kind aus der Herkunftsfamilie genommen wurde. Der tödliche Fall der elfjährigen Chantal, einem Pflegekind aus Hamburg, zeigt deutlich, wie wichtig es ist, dass die Jugendämter ihre Kontrollfunktion auch in Bezug auf die Pflegefamilie beibehalten müssen. Zumal sich die Trennung des Kindes aus der Herkunftsfamilie sehr belastend auf das Kind auswirkt. Es bleibt also zu hoffen, dass das Pflegekinderwesen in ihrer professionalen Entwicklung nicht aufhört und wenn nötig sehr flexibel reagiert, immer dann, wenn es sich um den Schutz des Kindeswohls handelt.

6. Literaturverzeichnis

Blandow, Jürgen (2004): *Pflegekinder und ihre Familien: Geschichte, Situation und Perspektiven des Pflegekinderwesens.* München: Juventa Verlag GmbH

Deisenhofer, August (2009): Jugendrecht. Beck Juristischer Verlag

Ermer, Heinzjürgen: *Wenn Pflegeeltern und Fachkräfte an ihre Grenzen stoßen.* Online abrufbar unter http://www.agsp.de/assets/applets/Pflegeeltern_Grenzen__Ertmer_.pdf (zuletzt abgerufen: 14.12.2012)

Henschel, Angelika/Krüger, Rolf/Schmitt, Christof/Waldemar/Stange, Waldemar (2009): *Jugendhilfe und Schule: Handbuch Für Eine Gelingende Kooperation.* Wiesbaden: VS Verlag für Sozialwissenschaften- GWV Fachverlage

Heindl, Hans (1995): *Hilfeplanung - zwischen Pflegefamilie und Heim.* In: Textor/Warndorf, (Hrsg.): *Familienpflege: Forschung, Vermittlung, Beratung.* Freiburg: Lambertus Verlag

Heitkamp, Hermann (1989): *Heime und Pflegefamilien - konkurrierende Erziehungshilfen?: Entwicklungsgeschichte, Strukturbedingungen, gesellschaftliche und sozialpolitische Implikationen.* Frankfurt am Main : Moritz Diesterweg Verlag

Huinink, Johannes/Konietzka, Dirk (2007): *Familiensoziologie: Eine Einführung.* Frankfurt/Main: Campus Verlag

Masur, Richard (1995): *Werbung, Auswahl und Vorbereitung von Pflegeeltern.* In: Textor/Warndorf, P.K. (Hrsg.): *Familienpflege: Forschung, Vermittlung, Beratung.* Freiburg: Lambertus Verlag

Jung, Peter (2008): *SGB VIII – Kinder- und Jugendhilfe.* Freiburg: Rudolf Haufe Verlag

Nave-Herz, Rosemarie (2004): *Ehe- und Familiensoziologie: Eine Einführung in Geschichte, theoretische Ansätze und empirische Befunde.* Weinheim und München: Juventa Verlag

Rohrer-Werneck, Sonja (2000): *Psychologie der Familie: Theorien, Konzepte, Anwendungen.* Wien: WUV- Universitätsverlag

Westermann, Arnim/Nienstedt, Monika (2007): *Pflegekinder und ihre Entwicklungschancen nach frühen traumatischen Erfahrungen.* Stuttgart: Klett Cotta Verlag

.